Vehículos al rescate

Los botes de rescate

por Bizzy Harris

Ideas para padres y maestros

Bullfrog Books permite a los niños practicar la lectura de textos informativos desde el nivel principiante. Las repeticiones, palabras conocidas y descripciones en las imágenes ayudan a los lectores principiantes.

Antes de leer
- Hablen acerca de las fotografías. ¿Qué representan para ellos?
- Consulten juntos el glosario de las fotografías. Lean las palabras y hablen de ellas.

Durante la lectura
- Hojeen el libro y observen las fotografías. Deje que el niño haga preguntas. Muestre las descripciones en las imágenes.
- Léale el libro al niño o deje que él o ella lo lea independientemente.

Después de leer
- Anime al niño para que piense más. Pregúntele: ¿Sabías acerca de los botes de rescate antes de leer este libro? ¿Qué más te gustaría aprender sobre ellos?

Bullfrog Books are published by Jump!
5357 Penn Avenue South
Minneapolis, MN 55419
www.jumplibrary.com

Library of Congress Cataloging-in-Publication Data

Names: Harris, Bizzy, author.
Title: Los botes de rescate / por Bizzy Harris.
Other titles: Rescue boats. Spanish
Description: Minneapolis, Minnesota: Jump!, Inc., [2022]
Series: Vehículos al rescate | Includes index.
Audience: Ages 5–8 | Audience: Grades K–1
Identifiers: LCCN 2020055101 (print)
LCCN 2020055102 (ebook)
ISBN 9781636901800 (hardcover)
ISBN 9781636901817 (paperback)
ISBN 9781636901824 (ebook)
Subjects: LCSH: Search and rescue boats—Juvenile literature.
Classification: LCC VM466.S4 H3718 2021 (print)
LCC VM466.S4 (ebook) | DDC 363.28/60284—dc23

Editor: Jenna Gleisner
Designer: Molly Ballanger
Translator: Annette Granat

Photo Credits: silvergull/Shutterstock, cover; Joseph Mercier/Dreamstime, 1; Sergiy1975/Shutterstock, 3; Douglas Litchfield/Shutterstock, 4; U.S. Coast Guard, 5, 6–7, 8–9, 16–17, 19, 20–21, 23tm, 23bl, 23bm; Iakov Filimonov/Shutterstock, 10; KPegg/Shutterstock, 11; U.S. Army National Guard, 12–13; U.S. Army, 14–15, 23br; E. O./Shutterstock, 18; Shutterstock, 22, 23tr; Andrey Ezhov/Shutterstock, 24.

Printed in the United States of America at Corporate Graphics in North Mankato, Minnesota.

Tabla de contenido

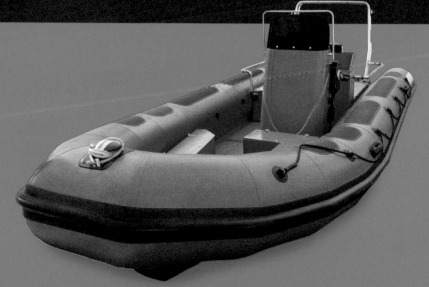

En el agua

¡Zum!

¡Aquí viene un bote de rescate!

¿Por qué?

Otro bote necesita ayuda.

ola

Estos botes andan sobre las olas.

¡Guau!

Los operadores lo operan.

Ellos usan un radar.

Esto les ayuda a
encontrar su camino.

Los motores están atrás.

motor

10

Estos mueven los botes rápidamente.

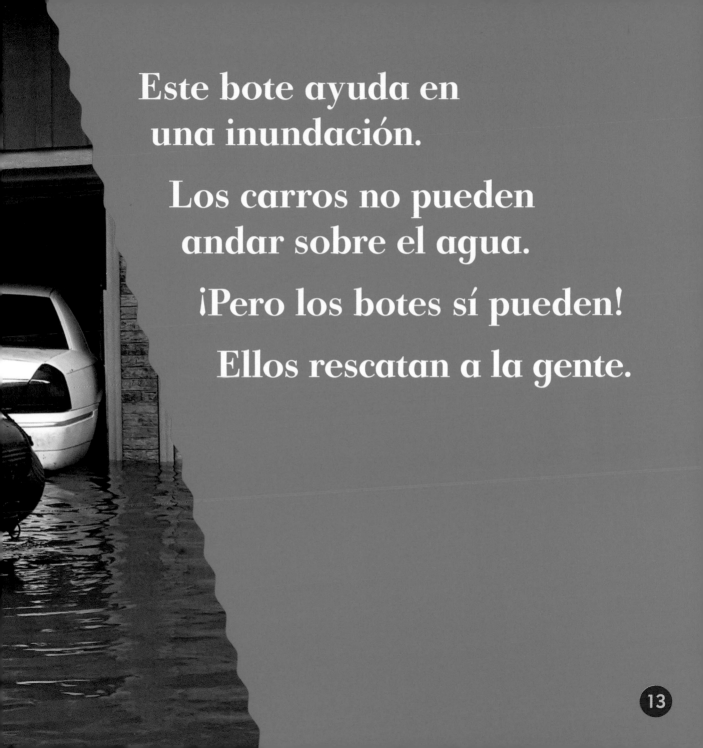

Este bote ayuda en
una inundación.

Los carros no pueden
andar sobre el agua.

¡Pero los botes sí pueden!

Ellos rescatan a la gente.

La tripulación usa remos.

Ellos reman.

remo

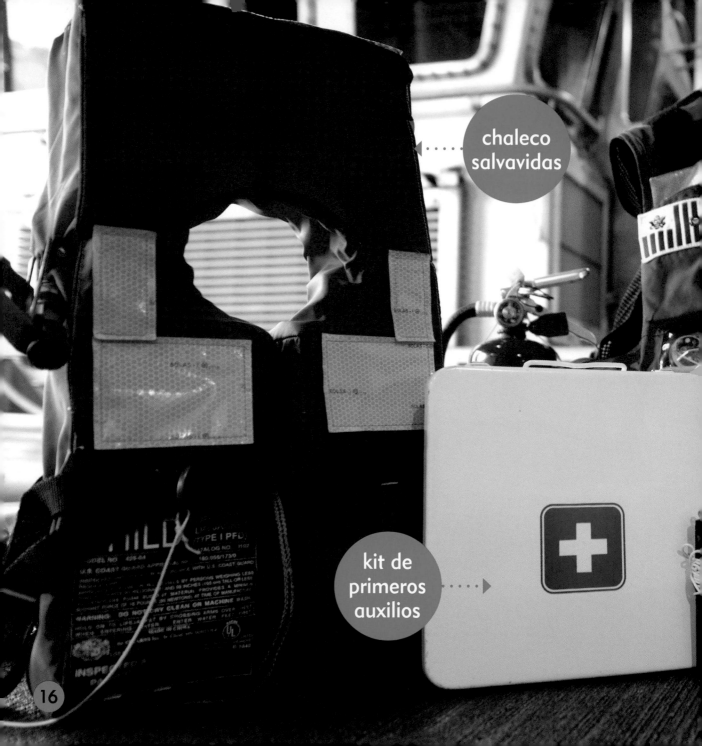

chaleco salvavidas

kit de primeros auxilios

Estos botes cargan suministros.

¿Como cuáles?

Ellos tienen chalecos salvavidas.

Tienen kits de primeros auxilios.

También tienen aros salvavidas.

aro
salvavidas

Esta tripulación tira uno.

Este flota.

El hombre lo agarra.

¡Está a salvo!

Las herramientas de los botes de rescate

¡Échales un vistazo a algunas de las herramientas que hay en un bote de rescate!

aro salvavidas

cuerda

kit de primeros auxilios

FIRST AID

chaleco salvavidas

remo

radar

Glosario de fotografías

motores
Máquinas que producen movimiento o poder.

operadores
Las personas que hacen trabajar ciertas máquinas, ciertos aparatos o vehículos.

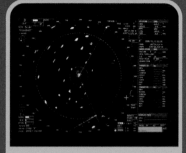

radar
Un aparato utilizado para detectar cosas en movimiento en la distancia.

rescatan
Salvan del peligro.

suministros
Cosas que se necesitan para un trabajo particular.

tripulación
Un grupo de personas que operan un bote, un avión o un tren.

Índice

Para aprender más

Aprender más es tan fácil como contar de 1 a 3.

❶ Visita www.factsurfer.com

❷ Escribe "losbotesderescate"
   en la caja de búsqueda.

❸ Elige tu libro para ver una lista de sitios web.